AF245746

PRÉCIS DES FÊTES

CÉLÉBRÉES

DANS LE DÉPARTEMENT

DES DEUX-SÈVRES,

EN HONNEUR

DE LA NAISSANCE

DE S. M. LE ROI DE ROME.

(9 et 10 Juin 1811.)

A NIORT,

DE L'IMPRIMERIE DE P.-A. ÉLIES,

Place de la Comédie.

PRÉCIS DES FÊTES

CÉLÉBRÉES

DANS LE DÉPARTEMENT DES DEUX-SÈVRES,

EN HONNEUR

DE LA NAISSANCE

DE S. M. LE ROI DE ROME.

(9 et 10 Juin 1811.)

LE 8 juin 1811, au coucher du soleil, et le lendemain au lever de l'aurore, la Fête fut annoncée à Niort par quinze coups de canon et par toutes les cloches de la ville.

Le 9, à 9 heures du matin, une salve d'artillerie et le son du beffroi de l'hôtel-de-ville ayant donné le signal, les époux dotés par la ville se transportèrent à la Mairie, d'où ils furent conduits à l'hôtel de la Préfecture, par M. le Maire de Niort, ses Adjoints, son Conseil municipal, les divers fonctionnaires de l'Administration communale, et la compagnie d'élite de la Garde nationale, précédée d'une musique guerrière.

* 2

Le cortége de toutes les autorités, s'étant formé à la Préfecture, se rendit, à 10 heures, au quinconce des Tribunaux, escorté de toutes les troupes de la garnison. Là, sous une salle de verdure, M. le Maire procéda à l'acte civil des dix mariages dotés par la ville. La dot fut comptée publiquement aux époux. Pendant cette cérémonie, la musique militaire exécuta plusieurs symphonies, et un chœur formé d'un grand nombre d'artistes et d'amateurs, chanta un hymne français analogue à la Fête, composé par M. *Dépierris*, aîné.

Au signal donné par trois coups de canon, le cortége se remit en marche et se rendit à l'église de Notre-Dame où était réuni le clergé des deux paroisses de la ville. M. l'abbé *Dury* adressa aux époux une pathétique exhortation sur les devoirs qu'ils avaient à remplir, et particulièrement sur la reconnaissance et la fidélité qu'ils devaient à SA MAJESTÉ L'EMPEREUR ET ROI ; il leur donna la bénédiction nuptiale ; le *Te Deum* fut ensuite chanté à grand orchestre, au bruit de l'artillerie, et le bureau de bienfaisance fit une quête pour les pauvres.

A 5 heures, le cortége, s'étant de nouveau formé à la Préfecture, se rendit dans les allées hautes des promenades de la Brèche, où M. le Maire avait fait ériger un pavillon soutenu par des colonnes d'ordre corinthien, au milieu duquel était placé, sur un autel antique, un élégant berceau représentant le berceau du ROI DE ROME. Toute la population de Niort s'était portée sur cette promenade ; les femmes étalaient la plus riche parure ; l'allégresse brillait sur tous les visages.

Le cortége des autorités s'approcha du berceau et rendit hommage à SA MAJESTÉ LE ROI DE ROME, par l'organe de M. le Préfet qui prononça un discours analogue, recommandant aux pères de famille d'inspirer à leurs enfans l'amour de ce Roi nouveau né que la Providence appelle à perpétuer la glorieuse dynastie des NAPOLÉON , et qui , formé par son auguste père, dans le grand art de régner et dans les vertus des héros, sera, comme lui, le protecteur des peuples, le bienfaiteur de l'humanité et l'arbitre de la terre.

Des députations de la garde nationale , des troupes de ligne et de tous les corps militaires furent admises à rendre les mêmes hommages.

Vinrent ensuite les Mariniers de la Sèvre , dans leur costume nautique, qui, dans la prestation de leurs hommages, jurèrent de contribuer à la liberté des mers et à l'abaissement de l'ennemi du continent. Ils chantèrent sur l'air du *pas de charge*, une chanson analogue, de la composition de M. *Dépierris*, aîné.

Les élèves du Collége de Niort se présentèrent également pour offrir le tribut de leur profond respect. Ces sentimens étaient exprimés dans une ode déclamée par l'un d'entre eux.

De jeunes demoiselles déposèrent sur l'autel des corbeilles de fleurs, et chantèrent des couplets analogues à la cérémonie.

Des Jardiniers , en costume poitevin, déposèrent au pied du berceau les prémices des fruits, produit de leur labeur, et présentèrent l'hommage de la classe utile des cultivateurs. Ils chantèrent aussi des couplets fort agréables.

(6)

Chaque prestation d'hommages se faisait au bruit du canon , des fanfares et de toutes les cloches de la ville. On répéta, à grand chœur, l'hymne chanté le matin, mis en musique par M. *Langlet.*

M. le Commandant du Département monta ensuite à cheval, et se mettant à la tête d'un régiment de dragons, fit exécuter devant le berceau, plusieurs manœuvres et évolutions ; après quoi le cortége étant descendu sur la place de la Brèche, alluma un feu de joie aux cris de VIVE L'EMPEREUR ! VIVE L'IMPÉRATRICE ! VIVE LE ROI DE ROME ! Cris de victoire et de bonheur répétés mille fois par la population entière.

M. le Maire fit faire des distributions de vin et de comestibles à tous les corps de troupes stationnées dans la ville ; des fontaines de vin coulaient sur la place de la Brèche pour tout le peuple ; du pain blanc avait été donné aux indigens assistés par le bureau de bienfaisance. Il y eut illumination générale , et des danses s'établirent dans les allées de la promenade.

MAD. la baronne *Dupin* , épouse de M. le Préfet, termina cette belle journée par un bal nombreux et brillant qui fut coupé par un souper et se prolongea jusqu'à 5 heures du matin.

Le 10 juin, une salve d'artillerie annonça le lever du soleil. La compagnie d'élite de la garde nationale se réunit à un banquet joyeux pour porter la santé de SA MAJESTÉ LE ROI DE ROME. A 4 heures du soir, le cortége des autorités constituées, s'étant de nouveau formé à la Préfecture , se rendit dans la prairie de

Belle-Isle, pour assister aux jeux que M. le Maire y avait fait préparer. Il y eut courses à pied, courses en sac, mâts de cocagne, escrime. Les vainqueurs de ces jeux reçurent des prix consistant en diverses pièces d'argenterie, et furent couronnés au bruit des fanfares.

Des fontaines de vin coulèrent encore pour le peuple ; les danses se renouvelèrent sur la promenade de la Brèche et se prolongèrent jusqu'au lendemain.

Il y eut encore bal et souper chez M. le Préfet.

Ces Fêtes furent encore embellies par le zèle charitable des exécuteurs testamentaires de M. *Clerc - Dufief.* (M. *le Procureur-Impérial,* MM. *les deux Juges-de-paix ,* MM. *les Curés ,* et M. *le Pasteur Protestant*), qui, chargés par le testament de ce digne homme, de distribuer 3,000 fr. aux pauvres, s'acquittèrent de cette honorable mission avec la sagesse, le désintéressement et les attentions délicates qui augmentent le prix du bienfait.

Durant les deux journées des 9 et 10 juin, le tems fut superbe, le ciel pur, rafraîchi par un doux zéphir ; tandis que le 8 au soir il pleuvait encore, et que les pluies ont recommencé dès la matinée du 11.

Liste des Époux mariés et dotés par la ville de Niort, le 9 juin.

Amilien (Jacques - Emmanuël), militaire amputé, ayant servi 16 ans dans le 9.e régiment d'infanterie légère ; — Ursule *Mollier.*

Buisine (Philippe), sergent-major retraité du 86.e de ligne, ayant 31 ans de service ; -- Louise-Françoise *Véron*.

Daniault (Jacques), soldat retraité du 14.e régiment de chasseurs à cheval, ayant 11 ans de service ; -- Marie *Papot*.

Vincent (René), soldat retraité du 22.e de chasseurs à cheval ; -- Suzanne *Maché*.

Barré (René), soldat réformé, ayant 19 ans de service, sorti du 60.e régiment de ligne ; -- Anne *Neau*.

Petit (Pierre), soldat réformé du 4.e régiment de chasseurs à cheval, ayant 9 ans de service; -- Elizabeth *Pellerin*.

Girard (Alexis), soldat du 1.er bataillon des Deux-Sèvres, réformé en 1810 ; -- Françoise *Pichoreau*.

Rivoire (Jean), soldat réformé du 79.e de ligne, ayant 7 ans de service ; -- Marie *Faucher*.

Grizeau (Pierre), soldat retraité du 50.e régiment de ligne, ayant 17 ans de service ; -- Marie-Anne *Mounerot*.

Vergniault (Louis), soldat retraité du 86.e de ligne, ayant fait neuf campagnes outre mer; -- Marie-Madelaine *Favrioux*.

VAINQUEURS des Jeux.

Course à pied. 1.er prix : *Devvitz*, dragon du 27.e régiment. 2.e prix : *Planty-Cadet*, de Niort.

Course en sac. 1.er prix : *Meher*, dragon du 17.e régiment. 2.e prix : *Devvitz*, dragon du 27.e

Mâts de cocagne. 1.er prix : *Seimann*, dragon du 21.e régiment. 2.e prix : *Picard*, dragon du 21.e 3.e prix : *Baurin*, dragon du 9.e régiment.

Escrime. Concurrens : *Richard*, maréchal-des-logis, *Lefebvre*, brigadier, *Bourreau*, brigadier, *Lefranc*, cuirassier, tous quatre du 13.e régiment de cuirassiers; *Huart*, brigadier au 4.e de dragons; *Metz*, dragon du 12.e ; *Dandeleuse*, maréchal-des-logis, et *Chorin*, brigadier au 1.er régiment d'hussards. (*Les prix ont été également partagés entre ces Messieurs.*)

Le même enthousiasme régnait dans toutes les parties du Département; chaque commune, chaque hameau a eu sa Fête, Balade, Feu de joie, Distribution de vin au peuple. Par-tout les habitans avaient érigé des temples de verdure, sous lesquels étaient placés des monumens représentant le berceau du ROI DE ROME; l'encens fumait devant ce berceau sacré; les jeunes filles l'ont orné de guirlandes de fleurs; la population entière y a présenté l'hommage de son respect et de son amour.

Jamais les bords des deux Sèvres n'avaient vu une Fête aussi unanime; jamais l'opinion publique ne s'était aussi fortement prononcée.

Les localités et les moyens étant les mêmes presque par-tout, la Fête a eu un caractère d'uniformité qui l'a rendue plus imposante. Pour ne pas se répéter, on se bornera à mentionner ici les particularités les plus intéressantes qui se font remarquer dans cette vive émotion, dans cet élan général de tous les sentimens qui peuvent attacher le plus grand et le meilleur des peuples, au plus auguste et au plus chéri des souverains.

THOUARS. Les maisons étaient parées de feuillages et de fleurs ; des arcs de triomphe étaient érigés sur toutes les places et les carrefours, avec des ornemens allégoriques ; des berceaux artistement travaillés , et mille emblêmes ingénieux exprimant l'amour et les vœux de chaque habitant pour LL. MM. L'EMPEREUR , L'IMPÉRATRICE ET LE ROI DE ROME. Les discours prononcés par M. le Curé , lors du *Te Deum*, et par M. *Richou*, Maire, sur le champ de foire, ont développé également les bienfaits innombrables dont l'état social et l'humanité sont redevables à la glorieuse dynastie du GRAND NAPOLÉON. Le peuple en foule inondait les places publiques , et se livrait aux transports de la plus vive allégresse. Le 10, M. le Maire fit célébrer des jeux publics et donna des prix aux vainqueurs. Pendant ces deux jours, on ne voyait que des danses, on n'entendait que le cri de ralliement des Français , et d'amples distributions de vin et de comestibles dispensaient les indigens du soin pénible de leur subsistance. Le 13, les élèves du collége firent encore chanter un *Te Deum* dans leur église paroissiale , et y exécutèrent d'excellentes symphonies.

BRESSUIRE. Dès l'aurore , des salves de mousqueterie annoncèrent le jour solennel où l'héritier des Césars allait présenter son front auguste au premier sacrement des Chrétiens. Des banderolles , des devises patriotiques ornaient toutes les maisons; la ville entière était pavoisée. Après le *Te Deum* , le cortége de toutes les autorités, entouré des femmes les plus élégantes et d'une foule immense accourue de toutes les contrées voisines, se rendit sur la grande place. A l'ombre légère de quatre acacias surmontés de trois arcs de triomphe, était suspendu un riche berceau orné de rubans et de guirlandes. Les fonctionnaires y portèrent leur hommage. De jeunes vierges chantaient des cantiques ; une musique guerrière se mêlait à leurs tendres accords. Un feu de joie fut allumé par M. le Président du Tribunal et M. le Curé. Ce vénérable ecclésiastique se mêlant à la joie populaire y prêtait de nouveaux charmes. Les jeunes séminaristes payèrent aussi leur tribut à cette mémorable solennité. Entre les devises qui ornaient le berceau, on distinguait celles-ci, de leur composition :

Il nous est enfin né , cet Enfant précieux !
Français , unissons-nous pour obtenir des Cieux
Qu'il réunisse un jour aux vertus de sa Mère,
Les vertus des grands Rois que surpasse son Père.

Annuit omnipotens ; exultes Gallia ; prodit
Qui ferat immensum totius orbis onus.

Quae attonitis oculis Gallorum stella refulget?
Ut Festum certant hunc agitare diem !
Magnanimi Patris virtutum haut degener haeres
Maternus nati pectora candor habet.
Unanimi cives celebremus gaudia plausu,
Orbis praesidium prodiit utque Deus.
Nos grati flores nectamus pignus amoris,
Cui nec finis erit, nec modus esse queat.

Chatillon. M. le Préfet avait profité de cet heureux jour pour rétablir la *bachelette* ou *bachelerie* , fête particulière à la ville de Châtillon, interrompue depuis

vingt ans par les calamités révolutionnaires. La singu-
larité de ce divertissement qui rappelle les tems cheva-
leresques, ne permet pas d'en omettre aucun détail (*).
Voici comment s'exprime M. *Chauvin - Lesnardière,*
Maire de Chatillon :

Déjà s'étaient formées, à l'avance, deux compagnies
de bacheliers, l'une à pied, l'autre à cheval. La *bachelette,* cette vieille fête créée au 14.e siècle, par un
Baron de Mauléon, chère aux habitans de cette contrée,
allait leur être rendue pour en faire hommage à SA
MAJESTÉ LE ROI DE ROME, lorsque le 9 juin, à
la naissance du plus beau jour de la nature, des pièces
d'artifice et des pétards en annoncèrent la solennité.
Entre 6 et 7 heures du matin, des partis de bacheliers
à pied et à cheval, ornés de fleurs et portant des guirlandes, allèrent offrir des bouquets à des personnes
choisies et considérées, en les invitant d'assister à leurs
courses; ils parcoururent la ville au son des musettes
et des hautbois, et proclamèrent la Fête. A 9 heures,
les autorités de la ville, la gendarmerie, un détachement
de la compagnie de réserve départementale, la compagnie
des bacheliers à pied, celle à cheval, le Maire au milieu
d'eux, étaient réunis à la Mairie, pour de-là se rendre
à l'église paroissiale et y entendre le *Te Deum.* Les
jeunes bacheliers à pied, habillés en courriers, parés

(*) Le mot de *bachelier* est souvent employé dans
les romans de chevalerie. Il est encore d'usage dans
quelques parties de la Charente-Inférieure, pour désigner
le jeune homme qui fait la cour à une demoiselle, et qui
la recherche en mariage.

de rubans , ceints d'écharpes , couronnés de fleurs et de lauriers ; les bacheliers à cheval , observant le costume antique , coiffés du chapeau blanc relevé à la Henri IV, ombragé du panache blanc; les uns et les autres déployant leurs drapeaux de diverses couleurs , brodés des emblêmes de la bachelette et des chiffres de LL. MM. L'EMPEREUR, L'IMPÉRATRICE , et de SA MAJ. LE ROI DE ROME. Le cortége , ainsi ordonné , marchait au milieu d'un peuple nombreux qui le pressait de ses flots en faisant retentir l'air de mille acclamations et de *vivat* en l'honneur de LEURS MAJESTÉS.

Après le *Te Deum*, on s'est séparé pour se livrer aux préparatifs des courses. A 2 heures après midi, le même cortége , les dames de la ville élégamment parées, les bacheliers à cheval , les coureurs à pied , les troupes, une multitude d'étrangers s'avancèrent dans un bel ordre de fête , au son d'une musique champêtre, vers les amphithéâtres dressés entre Châtillon et Rorthais , près de la tuilerie , sur la grande route.

Le bourg de Rorthais est distant d'une lieue de la ville de Châtillon. Tout cet espace était couvert d'une foule immense de spectateurs, accourus même des Départemens voisins ; depuis le château de Châtillon jusqu'à Rhortais, les places publiques, les rues, la grande route, les champs riverains, les prairies, tout était occupé ; les arbres même étaient tellement chargés et couronnés de curieux, que leurs branchages presque inaperçus leur formaient comme autant de guirlandes. On eût dit voir, comme autrefois, toute la population sortie des bourgades de l'Elide, accourue en foule aux champs d'Olympie,

pour y voir célébrer les grands jeux ; tant les vieux sou-
venirs ont d'influence sur les peuples ! A 3 heures, les
amphithéâtres étaient occupés, l'un par les dames,
l'autre par les autorités. Les Maires de Châtillon et de
Saint-Jouin en faisaient les honneurs.

La carrière des courses était bornée par des arcs de
triomphe de fleurs et de verdure, où pendaient autant
de couronnes qu'il y avait de prix à conquérir. Ces
couronnes devaient être saisies par le vainqueur, au
terme de sa course, comme un témoignage de son
triomphe. Alors, les rangs des coureurs se sont formés;
ceux à pied se sont élancés dans l'arène, aux acclamations de *Vive l'EMPEREUR ! Vive le ROI DE
Rome!* La carrière à parcourir était de deux kilomètres.
Elle a été fournie en cinq minutes.

Le tour des bacheliers à cheval est arrivé. Ils se suivaient au trot, de front, sur deux rangs parallèles.
Ils franchissent la barrière aux mêmes acclamations ; à
peine se sont-ils élancés que déjà ils ont disparu. Une
borne de retour avait été plantée sur le carrefour du
bourg de Rorthais, à quatre kilomètres du point de
départ, par les soins du Maire de Rorthais qui y prési-
dait, sous des tentes formées de feuillages, concurremment avec un député de la ville de Châtillon et le
Commandant de la gendarmerie. Un feu de joie y était
préparé, entouré de cinquante hommes de la garde
nationale. Au moment où les bacheliers, arrivant au
galop, tournaient la borne, les acclamations les ont
salués, le feu de joie s'est allumé, et des salves de
mousqueterie ont annoncé que chacun d'eux avait bien

(15)

fait son devoir. Sitôt que les amphithéâtres des barrières apercevaient les premiers coureurs qui gagnaient de vîtesse leurs rivaux , des cris , des chants , des *vivat*, préparaient et hâtaient leur triomphe.

Les courses terminées , le Roi des bacheliers et les Vainqueurs ont été proclamés et couronnés par le Maire de Châtillon , sous les arcs de triomphe , au milieu du peuple , en face des amphithéâtres. Le premier prix était une médaille d'argent frappée à Paris , à l'occasion de la naissance du Roi de Rome. Le deuxième prix un médaillon , aussi en argent, empreint des emblêmes bachelétiques et des chiffres de Leurs Majestés. Deux autres prix consistaient en objets de bijouterie. m. *Joseph Moreau*, de Châtillon , a été couronné Roi des bacheliers, et a fait les honneurs de la Fête , dans la soirée , concurremment avec la Dame qu'il a choisie pour Reine, suivant l'antique usage.

On est revenu dans le même ordre à la Mairie , le Roi des bacheliers tenant la tête , avec son porte-drapeau. Une collation et un bal y ont été donnés par m. le Maire aux dames , aux autorités, aux bacheliers , à mm. de la ville et du canton que le plaisir de la Fête avait attirés. La foule des spectateurs répandus sur les chemins et les champs , reflua dans la ville dont l'enceinte , alors , parut trop étroite pour les contenir.

Des mâts de cocagne dressés sur la grande place , différens jeux ouverts à la fois , des musettes et des menétriers répandus çà et là , le vin jaillissant et distribué aux groupes des danseurs , animèrent les ballades qui se formaient et se multipliaient de tous côtés. Les militaires ont été traités aux frais de la ville, fêtés comme des amis, honorés comme les défenseurs du trône et de la dynastie de NAPOLÉON.

A 10 heures, le feu de joie a été allumé par le Roi des bacheliers, tenant sa Dame par la main. En même tems toute la ville a été illuminée; des transparens unissant les chiffres de NAPOLÉON, de MARIE-LOUISE, et du ROI DE ROME, répétaient mille fois à tous les yeux les objets chéris de l'amour et de la fidélité du bon peuple Vendéen (*).

A 11 heures on a tiré un beau feu d'artifice, spectacle nouveau pour les cultivateurs de cette contrée. Les ballades se sont prolongées jusqu'au jour; et cependant les auberges et toutes les maisons de la ville étaient pleines. Jamais Châtillon n'avait vu autant d'affluence, autant de gaîté.

Le lendemain 10 juin, les mêmes signaux donnés la veille, ont annoncé la continuation de la Fête. Ce fut le jour des réunions de familles et des banquets. Mille toasts furent portés à LEURS MAJESTÉS, à la prospérité de leur dynastie, à la conservation des jours précieux du ROI DE ROME, à la gloire des armes Françaises.

Ainsi se sont passés ces deux jours de Fête, si remarquables par l'enthousiasme et l'allégresse. Ils ont rappelé au peuple la gaîté naïve des anciens tems, aux vieillards leurs premiers plaisirs. Tout le monde, en se retirant, disait : nous y reviendrons l'année prochaine, encore plus gais et plus nombreux.   SAINT-

____

(*) Châtillon fut le chef-lieu de la Vendée militaire.

Saint-Martin-de-Sanzais. Au milieu de la place publique s'élevait un arbre de la plus grande hauteur. A son sommet flottait un drapeau blanc sur lequel étaient écrits ces mots : A SA MAJESTÉ LE ROI DE ROME. Plus bas étaient attachés, en faisceaux, les attributs de l'agriculture, avec cette inscription : *Le travail, à la prospérité de l'Empire.* Autour de l'arbre, et presque dans toute sa hauteur, était fixée une quantité considérable de bois. L'usage des villageois poitevins est de manifester leur joie par des feux allumés sur les lieux les plus élevés ; ce bûcher était destiné à consacrer, suivant les antiques mœurs, le plaisir dont tous les cœurs étaient pénétrés. Sur la même place, et à distance égale, des tentes étaient dressées, quatre pour les danses champêtres, deux autres pour les distributions de vin et de comestibles. Ces tentes étaient liées entre elles par des guirlandes de feuillages et de fleurs, et ornées d'emblèmes et inscriptions analogues à la Fête. M. le Maire avait composé une nombreuse garde d'honneur de tous les anciens militaires retirés dans sa commune. La force et l'énergie imprimées sur le front bruni de ces braves, donnaient à leur troupe un aspect imposant. A la Messe, avant le *Te Deum*, m. le Curé a rappelé à ses paroissiens l'obéissance due au souverain, l'amour et la reconnaissance due à NAPOLÉON LE GRAND, et les hautes destinées offertes à la France par la naissance du ROI DE ROME. Après les cérémonies religieuses auxquelles la population entière, conduite par m. le Maire, assista avec recueillement, après vêpres et bénédiction, le peuple se réunit sur la

**

place. M. le Maire, inspiré par la circonstance, traça e tableau rapide des triomphes et des bienfaits de SA MAJESTÉ L'EMPEREUR ET ROI ; la gloire de son règne ; la puissance de son vaste Empire, l'influence de son génie sur la génération actuelle et sur les siècles futurs ; les vertus de son auguste Epouse, les nobles qualités de son cœur; enfin, tous les vœux, toutes les espérances qui entourent le berceau du ROI DE ROME. Après ce Discours, interrompu sans cesse par de bruyantes et unanimes acclamations de *vive l'EMPE-REUR*, *vive l'IMPÉRATRICE*, *vive le ROI DE ROME*, le feu de joie s'est allumé ; la flamme pétillante a porté jusqu'au trône de l'Eternel, les vœux et les prières de toute la population. Bientôt le violon s'est fait entendre ; les danses se sont formées ; le vin a coulé à grands flots ; et le peuple s'est livré à tous les transports de son allégresse.

La commune de *Beaulieu*, manquant de fonds disponibles pour les dépenses de la Fête, les habitans se sont cottisés pour en faire les frais, et les plaisirs n'en ont semblé que plus vifs. On entonna cette chanson qui a été chantée par le Maire :

HONNEUR à notre IMPÉRATRICE !
Honneur au grand NAPOLÉON !
Que par-tout l'airain retentisse
Pour l'illustre Enfant de ce nom !
Il naît, et la France ravie
Lui doit son bonheur à jamais.
Ah ! chérissons-le pour la vie ;
Il vient accomplir nos souhaits.

LOUISE prouve sa tendresse,
Nous donnant ce Prince charmant.
Exprimons tous notre allégresse
Sur cet heureux évènement.
Il sera vertueux et juste,
Comme son Père toujours grand ;
Et Fils de ce Monarque auguste,
Aussi valeureux conquérant.

FRANÇAIS, rendons-lui notre hommage,
Et célébrons un si beau jour.
Pour nous c'est un grand avantage
De prouver aussi notre amour.
Par des chants, que chacun répète :
LOUISE, d'un Fils nous fait don ;
Allons, faisons tous une Fête
Pour ce nouveau Prince en renom.

CONCERT, danse et feu d'artifice,
Par-tout illumination.
Que tout Français se réjouisse
De l'annonce au bruit du canon.
Tous en chœur, chantons à voix pleine,
Et bien d'accord à l'unisson :
Vive enfin notre Souveraine ;
Vive à jamais NAPOLÉON.

BOUILLÉ-LORET. Cette petite commune s'est dis-
tinguée par la pompe de ses cérémonies. L'église était
ornée de festons et de guirlandes. Sur une vaste dra-
perie bleue, parsemée d'abeilles d'or, brillait le chiffre
de LEURS MAJESTÉS, surmonté d'une couronne ;
l'aigle impériale y tenait la foudre ; on y lisait diverses
inscriptions, exprimant toutes la félicité et l'amour du
peuple pour ses augustes Souverains ; aux deux côtés
de la porte principale étaient les portraits de l'EMPEREUR
et l'IMPÉRATRICE, entre deux un berceau avec ces mots :

Au Roi *de* Rome. -- *Dieu protège son enfance !* -- *A* Napoléon *Sauveur.* -- *A* Marie-Louise. --*Le peuple bénit le jour où la Providence l'a placée sur le trône.* -- *Aux braves des armées, la patrie reconnaissante.* -- Après les cérémonies religieuses, le Curé est sorti processionnellement, précédé d'un berceau, porté par seize jeunes filles en robes blanches parées de guirlandes. Quatre bannières, portées par de jeunes garçons, présentaient ces légendes : *Vive le* Roi de Rome, *l'auguste fils de* Napoléon-le-Grand. -- *Le* Roi de Rome *assure pour jamais le repos de l'Empire.* -- *Nos enfans lui seront fidèles.* -- *Il sera l'arbitre du Monde.* -- Le Curé et le Maire allumèrent le feu de joie, sur la place, avec des cierges ; les jeunes filles exécutèrent des danses autour du berceau ; les jeunes-gens formèrent ensuite des quadrilles ; toute la journée fut employée en divertissemens, distributions de vin, de gâteaux et autres comestibles. La soirée se termina par un feu d'artifice, et l'illumination de transparens ingénieux.

Cette jolie Fête, qui avait attiré plus de quatre cents étrangers, a été dirigée par m. *Menesteau,* Instituteur primaire ; le *Te Deum* a été chanté sur une très-bonne musique de sa composition.

L'expression de l'allégresse publique a pris toutes les formes. Dans la plupart des communes de l'arrondissement de Bressuire, elle s'est appuyée sur la religion. Comme à *Nueil,* où un berceau, tressé de chèvre-feuille et de roses, était appendu à la principale porte de l'église, pour recevoir l'hommage de tous les fidèles, et à *Argenton - l'Eglise* , où un pareil berceau est resté placé sur l'autel , pendant le *Te Deum* ; des Maires se sont distingués par des Discours éloquens ; comme celui de *Chiché* ; ou , par des festins dont ils ont fait les frais et auxquels toute la commune a été conviée ; comme celui de *Mauzé-Thouarsais* ; des jeux d'adresse, peu usités dans les autres parties de l'Empire , ont signalé la gaîté populaire ; comme à *Saint - Jouin - de - Milly* , à *Boismé* , à *Oiron* ; tous les âges ont pris part à la Fête ; la vieillesse a semblé se ranimer pour jouir encore du bonheur de la patrie ; c'est ainsi qu'à *Cerçais* les danses étaient conduites par une femme de 95 ans , et qu'à *Taizé* le premier quadrille était composé de quatre vieillards formant entr'eux 333 ans.

Il faut mentionner particulièrement la Fête de *Noir-terre* , pour donner une idée de la bonhomie de nos villageois Poitevins. Voici comment s'exprime M. *Bouju,* maire , dans son procès-verbal :

Après le *Te Deum,* auquel ont assisté les fonctionnaires publics et tous les habitans , on s'est rendu au feu de joie qu'on a allumé sur la place. M. le Curé marchait à la tête avec M. le Maire. Plusieurs courses ont eu lieu. Premièrement les garçons , ensuite les hommes d'âge, et après ceux-là on a fait courir quatre hommes mariés réputés *mulets* en terme vulgaire , mais aucun de ceux-ci n'a pu atteindre le but gagné par les garçons. Et de suite on a fait l'ouverture de plusieurs danses au son de deux violons. Quatre jeunes hommes ont dansé sur les mains , les pieds en l'air (*) , pendant

______

(*) C'est un exercice fort usité dans ces contrées.

environ trois quarts d'heure, et tous bien d'accord, au pas des autres et au son des violons. Cette danse finie, lesdits quatre jeunes hommes ont fait plusieurs tours parmi les différentes rues du bourg, et toujours marchant sur les deux mains, ce qui a donné beaucoup d'amusement aux assistans. Après quoi, le Maire, son Conseil municipal et tous les habitans ont commencé à chanter plusieurs chansons analogues et en réjouissance de la naissance du Roi de Rome ; on a crié cent fois, vive l'EMPEREUR, vive l'IMPÉRATRICE, vive le ROI DE ROME. Dans ce moment, le Maire a distribué au peuple une barrique de vin qu'il s'était procurée aussitôt qu'il avait appris l'heureux accouchement de S. M. l'Impératrice. Ladite barrique ayant été consommée avant le soleil couché, de suite elle fut portée près du feu de joie. Alors un respectable habitant de ladite commune, nommé *Louis Clochard*, Chaulier, a fait un discours analogue à la circonstance, et qui a duré au moins trois quarts d'heure, ce qui a donné un grand amusement à tous les assistans ; lequel dit *Clochard*, étant monté ensuite sur ladite barrique, a fait plusieurs tours de subtilité très-divertissans. Le Maire, sur l'avis du Conseil municipal, ayant fait préparer un repas qui a commencé après les danses et autres diverses réjouissances, sur les dix heures du soir, et a duré jusqu'au lendemain matin vers le soleil levant, quoique la barrique de vin fut vide dès la veille, comme il est dit ci-dessus, le Maire, voyant tous ses administrés enthousiasmés et très-contens de ladite cérémonie, et tous en bonne disposition de redoubler leur joie, et chantant tous unanimement vive le ROI DE ROME et l'EMPEREUR DES FRANÇAIS, il n'a pu s'empêcher de leur procurer le vin nécessaire au repas qu'il avait fait préparer ; dont tous se sont retirés , après le le repas fini, très - contens de la célébration de cette joyeuse cérémonie.

PARTHENAY. Les Fêtes ne se sont pas célébrées avec moins d'enthousiasme dans l'Arrondissement de Parthenay. Le chef-lieu a donné l'exemple.

Dès le 8 au soir , les cloches de toutes les églises et les tambours de la garde nationale avaient annoncé la solennité. Le 9, dès l'aurore , la générale a battu sur tous les points de la ville. La garde nationale s'est rassemblée sur la place de la Concorde. A 9 heures elle est allée , drapeaux déployés , chercher les deux Rosières et les deux Braves qui devaient être dotés , et les a conduits à l'hôtel - de - ville. Le corps municipal s'est ensuite rendu à la Sous-Préfecture, où toutes les autorités judiciaires et militaires s'étaient réunies , sur la convocation du Sous-Préfet.

De là le cortége, précédé d'un corps de musiciens , s'est mis en marche pour aller assister à l'acte civil des mariages , à la bénédiction nuptiale et au *Te Deum.* M. le Curé a prononcé un Discours très-énergique dans lequel il a rappelé les bienfaits de la Providence , les bienfaits du GRAND NAPOLÉON et les devoirs du peuple envers le Souverain.

Après cette cérémonie, le cortége s'est rendu sur le champ de foire où les fonctionnaires publics ont allumé un majestueux feu de joie, placé au milieu de décorations emblématiques relatives à l'objet de cette Fête. Pendant la durée de ce feu, mille et mille cris spontanés de *Vive l'EMPEREUR*, *vive l'IMPÉRATRICE*, *vive le ROI DE ROME*, ont fait retentir les rives du Thouet.

Des stances lyriques, analogues à la circonstance, composées par un habitant de Parthenay, ont été chantées par un groupe d'amateurs soutenus d'un nombreux orchestre. M. le Maire fit faire ensuite d'amples distributions de comestibles ; des fontaines de vin jaillirent dans tous les carrefours ; les danses, les amusemens de toute espèce commencèrent et se prolongèrent bien avant dans la nuit, éclairés par la brillante illumination disposée sur le champ de foire, sur tous les édifices publics, sur la façade de toutes les maisons particulières.

Le lendemain 10, après de nouvelles distributions faites aux indigens, le cortége s'étant formé, se rendit sur la grande place. Des mâts de cocagne y étaient dressés. Les athlètes qui ont cueilli les couronnes placées au haut de ces mâts, ont reçu des prix de la main de M. le Maire, et les amusemens ont encore duré tout le jour.

Le soir, il y a eu illumination et grand bal paré à l'Hôtel-de-Ville. La salle était élégamment ornée d'emblêmes et de transparens allégoriques, entrelacés de guirlandes de fleurs. Les convives n'en sont sortis qu'après le lever du soleil.

La joie la plus pure, la plus unanime, a présidé à ces Fêtes. On s'est facilement aperçu que les habitans

de Parthenay saisissaient avec empressement cette nouvelle occasion de manifester le vif amour qu'ils portent
à leurs augustes Souverains.

Voici les noms des époux dotés par la ville :
François Blumeau, militaire retiré, et *Franç.ᵉ Descouts.*

René Butet, militaire retiré, et *Jeanne-Franç.-Sophie
Rosier.*

AIRVAULT. Dès l'aube du jour, le canon ayant donné
le signal, le peuple en foule inonda les rues et les places
publiques, faisant éclater son allégresse. On n'enten-
dit que chants joyeux, que cris mille fois répétés de
vive le ROI DE ROME. A 9 heures, le cortége des
autorités s'étant formé à la Mairie, M. le Maire com-
mença la Fête par un Discours qui en rappelait l'objet.
Voici, s'écria-t-il, voici le jour solennel où nos augustes
Souverains vont donner un grand exemple de leur respect pour la religion, en offrant à Dieu, leur Fils chéri,
le premier né de la grande nation. Au même instant,
cinquante millions d'hommes, heureux par les bienfaits
du GRAND NAPOLÉON, élèvent vers le ciel un
concert touchant de prières et de bénédictions pour le
Roi nouveau né que la Providence appelle à perpétuer
la dynastie des héros, et à maintenir les prodiges du
grand siècle, comme la couronne de Romulus, qui orne
son jeune front, rappelle déjà tous les prodiges des
siècles antiques. Fidèles sujets de SA MAJESTE
L'EMPEREUR, les habitans d'Airvault sont dignes
de partager de si nobles transports..... Après ce Discours,
dont nous ne pouvons rapporter qu'un très - court

fragment, le sortége se mit en marche ; il était ouvert par une compagnie de gardes nationales précédée de tambours et d'une musique guerrière. Venaient ensuite cinquante demoiselles vêtues de blanc, marchant sur deux rangs, au milieu desquelles était porté un riche berceau surmonté d'une aigle impériale tenant une couronne d'or. Le berceau était placé sous un arc de triomphe décoré de guirlandes ; on y lisait cette inscription tracée en lettres de fleurs : VIVE LE ROI DE ROME. Les autorités constituées suivaient le berceau ; la garde nationale et la gendarmerie fermaient la marche. On se rendit ainsi à l'antique église d'Airvault, pour assister à la grand'messe et au *Te Deum ;* la musique mêlait son harmonie aux chants religieux, et le canon, qui se faisait entendre par intervalle, ajoutait de la manière la plus imposante à la pompe de cette solennité. Chacun, dans l'effusion de son cœur, invoquait par de ferventes prières, la protection divine sur nos augustes Souverains, et remerciait la Providence d'avoir donné au *PÈRE DU PEUPLE* un digne héritier de sa puissance et de sa gloire. La cérémonie étant terminée, le cortége se rendit sur la grande place. Un autel y était érigé sous un dôme de verdure ; le berceau y fut placé. Chaque groupe vint y présenter ses hommages. Au nouveau signal donné par une salve d'artillerie, le cortége se remit en marche vers la maison de M. le Maire, où était déposé un beau buste de SA MAJESTÉ L'EMPEREUR ET ROI, en marbre de carrare, récemment acquis par la ville. Ce monument, destiné à transmettre aux générations futures la précieuse image du Père chéri des Français, fut exposé à la vue des habitans qui témoignèrent leur allégresse par les plus bruyantes acclamations. L'artillerie salua ce dépôt sacré, qui, soutenu par quatre militaires couverts d'honorables blessures, fut placé au milieu du cortége, et porté en triomphe dans la grande salle de l'Hôtel - de - ville. M. l'Adjoint du Maire en fit l'inauguration. Il retraça aux habitans, aux fonctionnaires publics, toute l'étendue des obligations qu'ils contractaient en plaçant au milieu d'eux l'image de leur Souverain. Qui oserait enfreindre les lois en présence de cette image sacrée ? Qui pourrait manquer de zèle ou de courage en contemplant les traits du Vainqueur de Marengo, d'Austerlitz, d'Iena, de Friedland, de Wagram ?. . Le peuple entier, d'un élan spontané, s'écria VIVE L'EMPEREUR! Le soir, la Municipalité donna un bal sur la promenade; le vin y coula à grands flots ; des comestibles furent distribués au peuple ; mais personne n'y voulut toucher qu'après en avoir fait accepter aux indigens la plus ample portion. Tous les chefs de famille se réunirent à un vaste banquet autour duquel leurs joyeux enfans formaient mille groupes et se livraient à tous les plaisirs de leur âge. Plusieurs *toasts* y furent portés, et notamment ceux-ci :

Par M. le Maire :

A SA MAJESTÉ L'EMPEREUR DES FRANÇAIS, ROI D'ITALIE !

Puisse - t - elle porter long - tems le poids des brillans diadêmes qui ornent son auguste front !

Par m. l'Adjoint du Maire :

A SA MAJESTÉ LE ROI DE ROME !

Que ce premier rejeton de la dynastie Napoléonienne, élevé par son auguste Père, soit l'héritier de ses vertus et de son amour pour le bon peuple français !

Par m. le Curé :

Au CONCILE NATIONAL, convoqué par SA MAJESTÉ L'EMPEREUR ET ROI, pour le maintien de notre sainte religion !

Par m. le Juge-de-paix :

A SA MAJESTÉ L'IMPÉRATRICE !

Que le Ciel la protège et conserve à notre Empereur cette compagne vertueuse autant que chérie ! Qu'elle ajoute long-tems au bonheur de la France, en faisant long-tems le bonheur de son auguste époux !

Ce banquet a été suivi d'un feu de joie qui a brûlé au milieu du fracas des tambours, du canon, des cloches et des acclamations de tout le peuple. Une illumination générale brilla en même tems dans toute la ville, les danses recommencèrent, et le lever du soleil ayant donné le signal des travaux champêtres, chaque habitant se retira en bénissant encore ses augustes souverains.

SAINT-JOUIN-DE-MARNE. La composition du cortége était fort intéressante. Un peloton de gardes nationales ouvrait la marche. Venait ensuite un groupe de vieillards ; puis un groupe de laboureurs portant une charrue ornée de guirlandes, et des gerbes de bled ; après eux paraissaient les vignerons couronnés de pampres, armés du *pic*, instrument particulier au Poitou, servant à labourer la vigne; ensuite les jeunes filles, toutes vêtues de blanc, tenant en main la quenouille et le fuseau. Au milieu du groupe des jeunes filles, on portait en triomphe un joli berceau, tissu des simples fleurs des champs, et sur lequel on lisait cette inscription : *Le Roi de Rome est né pour le bonheur du Monde.* Le cortége, fermé par les fonctionnaires publics, se rendit dans cet ordre à l'église paroissiale, pour entendre le *Te Deum.* Après ce Cantique d'actions de grâces, un feu de joie fut allumé sur la place publique; M. le Maire prononça un Discours, interrompu à chaque instant par mille cris de vive l'EMPEREUR, vive l'IMPÉRATRICE, vive le ROI DE ROME. Un mât de cocagne était dressé, portant à sa cime une couronne de laurier. Une foule de rivaux se présentent, mais leurs efforts sont impuissans. Un jeune homme, prêt à se marier, s'élance, triomphe, saisit la couronne et la dépose sur le berceau. Aussitôt la ballade commence, les danses se forment, le vin coule à grands flots, et la nuit toute entière se passa dans l'allégresse.

Saint-Loup. M. le Maire a parfaitement fait les honneurs de la Fête. Le matin, après le *Te Deum*, il a fait servir à la garde nationale de copieux rafraîchissemens; le soir, après le feu de joie, il a donné une brillante collation à tous les chefs de famille. Son parc a été ouvert à tous les divertissemens du peuple; sous un berceau couvert de verdure, les violons et la

musette ont fait un appel à la légèreté des jeunes filles,
à la vigueur des garçons ; les fontaines de vin ont jailli ;
la contre-danse, la walse et la gavotte poitevine, ont
été exécutées tour à tour. Une illumination générale a
éclairé les jeux pendant toute la nuit, et mille acclamations de Vive l'EMPEREUR, Vive l'IMPÉRA-
TRICE, Vive LE ROI DE ROME, ont témoigné
combien les habitans de Saint-Loup sont bons Français.

Verruyes. Dès le matin, tous les garçons s'étaient
empressés de porter aux jeunes filles des bouquets et des
rubans ; elles se réunirent toutes au cortége pour assister
au *Te Deum.* Après la cérémonie, on se rendit sur
le pré du *Saut de Verruyes,* où un feu de joie était
préparé ; un élégant berceau y était placé sous la garde
des anciens militaires ; trois fois le cortége en fit le tour ;
trois fois chaque jeune fille détacha une fleur de son
bouquet pour en faire hommage au berceau ; la garde
nationale le salua par plusieurs décharges de mousqueterie ; le feu de joie brûla aux cris de Vive l'EMPEREUR!
Vive le ROI DE ROME, et un festin général, fré-
quemment interrompu par des couplets joyeux, acheva
de développer la gaîté de ces bons villageois ; toute la
nuit se passa en jeux et danses, qui recommencèrent
encore le lendemain.

Largeasse. A défaut d'artillerie, les habitans ont
fait jouer la mine dans leurs rochers granitiques.

La Peyratte. On a retenu ce couplet chanté par
les habitans autour de leur feu de joie :

Comme ici l'allégresse éclate !
Pour qui ces chants ? pour qui ces feux ?
Pourquoi le bourg de *la Peyratte*
Réunit-il les ris, les jeux ?
C'est qu'il est né, ce Roi de Rome ;
Qu'appelaient nos vœux les plus doux ;
En lui nous voyons un grand homme
Qui fera le bonheur de tous !

La Chapelle-Saint-Laurent. Les habitans avaient placé un berceau sur un autel ombragé d'un arc de triomphe en verdure. On y lisait les inscriptions suivantes :

1.º Le Ciel l'a prédestiné, comme son père, pour la justice et le bonheur de la terre ;

2.º Le Ciel rendra son règne heureux ; il a déjà gravé son nom au temple de la Gloire ;

3.º Ce jeune Monarque rétablira les Romains dans leur ancienne grandeur;

4.º Que la génération de cet auguste Enfant se multiplie comme les étoiles du firmament !

La Chanson suivante fut chantée en ronde :

Célébrons dans ce jour même
La Fête du nouveau né.
C'est Dieu ; certes, Dieu lui-même,
Qui nous l'a prédestiné.
Abjurons toute rancune,
Français, ne formons qu'un cœur ;
Qu'enfin nos ames soient une
Dans ce règne de bonheur.

Le Fils de Marie-Louise !
De notre auguste Empereur !
Comme eux soutiendra l'Eglise,
Des Romains sera l'honneur !

Oui, ce nouveau Machabée,
Digne de NAPOLÉON,
Saura faire briller l'épée
Pour la gloire de son nom.

BÉNISSONS la Providence,
D'avoir exaucé nos vœux,
Les vœux de toute la France !
Chantons ! nous sommes heureux !
Qu'à cet Enfant tout prospère ;
Que l'esprit du Tout-Puissant
L'éclaire de sa lumière ;
Qu'il soit par-tout triomphant !

QU'ENFIN, ce jeune Monarque,
Par l'ordre de l'Éternel,
Puisse conjurer la Parque
De le laisser immortel !
Qu'il soit l'arbitre du monde,
Honoré des plus hauts faits ;
Que sa race se féconde ;
Qu'elle ne périsse jamais !

Tous les bocages de l'Arrondissement de Parthenay ont été éclairés de feux de joie, ont été témoins de l'allégresse du peuple ; par-tout on entendait crier VIVE NOTRE BON EMPEREUR ! VIVE LE GRAND-NAPOLÉON ! VIVE MARIE - LOUISE ! VIVE LE ROI DE ROME ! Sans la crainte de se répéter, on distinguerait encore les Communes de *Secondigny*, *Thenezay*, *Moncoutant*, *Menigoute*, *Vausseroux*, *Vantebis*, où M. *Mignonneau*, Notaire, a prononcé un fort beau Discours ; *le Breuil-Bernard*, où toutes les métairies ont été illuminées ; *la Mairé*, où les habitans, n'ayant point de Prêtre, se sont réunis pour

chanter

le *Te Deum* en commun ; *Chanteloup*, *Azay*, *St.*
Paul, *Mazières*, *la Chapelle - Seguin*, sur-tout la
Commune des *Moutiers*, qui, célébrant la Fête dans
les riantes prairies bordées par la forêt de Chantemerle,
a offert un spectacle vraiment enchanteur ; les groupes
de la jeunesse et ceux des vieillards, dansant ou buvant
à l'ombre des vieux chênes ; le fifre et la musette réveil-
lant les échos de la forêt ; c'était une scène de l'Arcadie
animée par les transports d'amour d'une grande famille
pour son père, d'un bon peuple pour son auguste Souverain. Et la joie était pure, sans mélange, nulle triste
pensée n'inquiétait les familles ; tous les conscrits étaient
partis avec zèle, sans aucune désobéissance ; tout l'arrondissement était heureux ; jamais le dévoûment n'avait
été aussi unanime ; ainsi déjà l'on ressentait l'influence
du nouvel astre de bonheur qui vient de luire sur la
France.

Nous avons rendu compte, en tête de ce Précis, des
Fêtes célébrées au chef-lieu du Département. Pour suivre
l'ordre des Arrondissemens, nous allons mentionner les
circonstances les plus intéressantes des Fêtes qui ont eu
lieu dans les principales Communes de l'Arrondissement
de Niort.

L'église de *Souché* n'a pu contenir la foule qui se
pressait pour entendre le *Te Deum*, et pour unir ses
prières à celles du respectable curé. La population de
ce bourg paraissait triplée. Aussi, la ballade du soir
fût-elle la plus brillante qu'on eût encore vue dans cette
contrée. Les femmes et les filles chantaient, les hommes

**

(34)

s'exerçaient à mille jeux ; les vieillards pleuraient de joie, et semblaient dire comme Siméon : *Grand Dieu, rappelez-nous quand vous le voudrez ; nous avons assez vécu, puisque nous avons vu vos bienfaits répandus sur la France.*

A BELLEVILLE, après le *Te Deum*, tous les habitans, d'un mouvement spontané, se sont prosternés en terre, priant Dieu, à haute voix, pour le salut du ROI DE ROME, demandant pour lui de longs jours et un règne glorieux. *Que sa naissance*, disaient-ils, *assure le bonheur des Français, comme la naissance de JÉSUS-CHRIST a répandu votre miséricorde sur tous les pécheurs.* Ils parcoururent ensuite processionnellement, conduits par leur Curé, toutes les rues du bourg, portant en triomphe un berceau tissu de fleurs ; et allumèrent un feu de joie aux cris de VIVE L'EMPEREUR, VIVE L'IMPÉRATRICE, VIVE LE ROI DE ROME. Une foule immense d'habitans de la Charente-Inférieure, s'était rendue à Belleville, pour participer à cette Fête dont le caractère religieux inspirait le respect.

La succursale de *Vouillé* étant vacante, les catholiques et les protestans se sont réunis pour chanter le *Te Deum* en commun.

A BESSINE, le souvenir des bienfaits particuliers dont SA MAJESTÉ a daigné honorer cette Commune, a redoublé l'enthousiasme.

Les habitans de *Beauvoir* avaient aussi disposé un berceau qui fut porté à l'église par les jeunes filles du bourg, escorté par la garde nationale que commandait un ancien Officier-général. M. le Curé a augmenté encore la vive émotion par son Discours. En voici la fin, telle qu'elle a été retenue par plusieurs assistans :

« Les desseins de la Providence divine, pour le bonheur de la France, se trouvent accomplis par la naissance du Roi de Rome..... Les Romains s'applaudissent d'un enfant si précieux ; et les Français jouissent de le voir avant eux. D'un héros, d'un grand homme, on révère le fils ; Rome n'est plus dans Rome, elle est toute à Paris. Être suprême ! Maître souverain de nos destinées ! veillez sur les jours du jeune Prince que votre bonté nous donne pour cimenter le bonheur de l'Univers. Versez sur lui la coupe de vos bienfaits ; inspirez-lui les sentimens de bienfaisance et d'amour que son auguste père, le plus grand des Rois, ne cesse de nous manifester. Vive NAPOLÉON-LE-GRAND, notre magnanime Empereur ! Vive MARIE - LOUISE , notre Impératrice chérie ! Vive le ROI DE ROME. Unissons nos voix, Messieurs , à celles de tant de millions d'hommes , et chantons ensemble l'hymne consacré à l'Éternel. »

La Fête s'est terminée par des danses générales, illuminations, feu de joie béni par le Curé, et distribution de vin et comestibles.

M. le Comte Garran-de-Coulon a embelli la Fête d'*Augé* par ces actes de bienfaisance qui signalent toujours sa présence dans sa terre. Il a fait distribuer 600 kilogrammes de pain aux pauvres.

A Xaintrais, Ardin, le Busseau, le berceau de fleurs, figurant le berceau du Roi de Rome, a reçu les hommages empressés de tous les habitans ; l'encens a fumé devant ce berceau chéri. Les jeunes filles l'ont entouré de guirlandes, les hommes l'ont salué de leurs armes, en faisant plusieurs décharges de mousqueterie.

A Frontenay, m. le Maire a présenté au baptême l'enfant d'un cultivateur, et lui a imposé le nom de *Napoléon*. Ce magistrat a réuni, chez lui, dans la soirée, la presque totalité de ses habitans, et leur a donné un repas de famille.

A Azay, des jeux d'adresse et d'agilité ont été ouverts. Les vainqueurs ont renoncé aux prix pour les partager entre tous leurs rivaux.

Les habitans du *Grand-Prissé* se sont réunis à ceux de *la Foye-Monjault*, chef-lieu de succursale, pour solenniser la Fête, et ne se sont séparés qu'après le *Te Deum*. m. le Maire de la *Foye* a régalé ses habitans, du meilleur vin, après avoir prononcé un Discours où il a rappelé au peuple les bienfaits de SA MAJESTÉ, et les sentimens de reconnaissance et d'amour qui doivent l'attacher à la nouvelle dynastie.

A Mauzé, le 9 et le 10, il y eut spectacle *gratis*, et feu d'artifice.

Saint-Maixent. La matinée du 9 juin fut entièrement consacrée aux cérémonies religieuses, auxquelles le cortége de toutes les autorités, la garde nationale et le peuple entier assistèrent avec empressement. A 3 heures après midi, tous les notables habitans se réunirent à un banquet où des santés furent portées à SA MAJESTÉ L'EMPEREUR, à SA MAJESTÉ L'IMPÉRATRICE, à SA MAJESTÉ LE ROI DE ROME. On y chanta plusieurs couplets analogues à la cérémonie, exprimant tous l'amour du peuple pour l'auguste rejeton du plus chéri des Monarques. Cependant, depuis midi les ballades champêtres avaient commencé dans les belles allées de la promenade ; le Maire ouvrit des jeux sur le champ de foire ; un feu de joie les termina, et toute la nuit se passa en danses et joyeuses réunions. Le 10, au matin, le Maire fit faire au peuple une abondante distribution de vivres ; des fontaines de vin jaillirent sur différens points. Le bureau de bienfaisance distribua des secours aux indigens et aux pauvres prisonniers. Les danses et ballades se renouvelèrent. L'arène s'ouvrit aux lutteurs et aux coureurs. Le sieur *Cellier* remporta le prix. Pendant ces deux jours, la ville entière fut illuminée ; les principales maisons offrirent les transparens les plus ingénieux ; on distinguait sur-tout l'Hôtel-de-ville et la maison de m. le Maire. Saint-Maixent n'avait pas encore vu de fêtes publiques où l'allégresse eût été aussi vive, et où le peuple eût pris tant de part.

A Surin l'on a remarqué plusieurs inscriptions placées auprès du feu de joie. En voici deux :

A SA MAJESTÉ L'EMPEREUR !

Oui, Grand Napoléon, ta gloire est sans seconde.
Nos pères, mille fois, t'auront vu triomphant ;
Et ta postérité doit, avec nos enfans,
Achever quelque jour la conquête du monde.

A SA MAJESTÉ LE ROI DE ROME !

Vivez, beau rejeton d'une souche divine !
Croissez dans les bras triomphans
D'un Prince qui, dans peu de temps,
Va de nos ennemis achever la ruine !

Que dans le long cours de vos ans,
Rien ne démente en vous cette illustre origine,
Et que le sceptre, enfin, que le ciel vous destine,
Assure le bonheur de tous nos chers enfans.

Champdeniers a ajouté à l'éclat de la Fête par l'inauguration du buste de Sa Majesté l'Empereur et Roi, en marbre de Carrare, acquis par le Conseil municipal, pour être placé dans la salle des séances, et que toute la garde nationale était venue chercher à Niort peu de jours auparavant. Cette inauguration s'est faite après le *Te Deum* et les cérémonies religieuses où m. le Curé prononça un Discours analogue. Les Officiers de la garde nationale posèrent sur ce buste chéri, une couronne de laurier; les jeunes filles, une couronne de roses. On le porta en triomphe de la maison du Maire à l'Hôtel-de-ville. Des tables étaient dressées sur le champ de foire; d'amples distributions y furent faites au peuple; les fontaines de vin coulèrent en abondance; les cris de joie, les *vivat* ont retenti pendant tout le jour et toute la nuit; les danses et les amusemens de toute espèce se sont prolongés bien après le lever du soleil.

Chavagné. Les habitans de cette Commune, tous protestans, se sont réunis sur la place publique pour chanter le *Te Deum*. Les danses et le feu de joie ont eu lieu sur le champ de la ballade du lundi de Pâques, connue sous le nom de *tire jau*, divertissement qui, tous les ans, attire une foule de spectateurs; et cependant, jamais on n'y avait vu ni autant d'affluence ni autant de gaîté qu'il y en eut à la Fête du Roi de Rome.

A Exireuil, les habitans aisés se sont cottisés pour régaler les indigens.

A Magné, m. le Curé s'est rendu processionnellement sur la place publique, pour bénir et allumer le feu de joie.

A Fors, le Maire a profité de ce beau jour pour organiser sa garde nationale, faire recevoir les Officiers, et recevoir d'eux, ainsi que de tous les habitans, un nouveau serment de fidélité à SA M. L'EMPEREUR ET ROI.

A Prahecq, tous les chefs de famille ont fait servir leur dîner sur la place publique, et dans ce banquet général, présidé par leur digne Curé, ils ont porté la santé du ROI DE ROME, au milieu des plus bruyantes acclamations. Les pauvres ont été régalés ; et chaque habitant voulut donner son fagot pour dresser le feu de joie.

A Granzay, m. *Morisset*, Président du Conseil-général, a fait tuer le veau gras. Il a régalé largement tous ses habitans, en comestibles de toutes espèces ; le meilleur vin de Saintonge, et l'excellente eau-de-vie de *Griffier*, ont été distribués à profusion.

Coulonges. Un pavillon élégant, soutenu par six colonnes ornées de guirlandes, surmonté d'un dôme de verdure formant une vaste couronne de chêne, avait été érigé sur la place publique. Le fronton présentait cette inscription : A NAPOLÉON-LE-GRAND ; A SON AUGUSTE Epouse MARIE-LOUISE ; A LEUR PREMIER NÉ, LE ROI DE ROME. L'intérieur du pavillon contenait une estrade, élevée de plusieurs marches ; le tout était recouvert de riches tapis. Le cortége des autorités, escorté de la garde nationale et de la gendarmerie, accompagné d'une foule immense, se rendit chez m. le Maire, où était déposé, depuis quelques jours, le buste de Sa Majesté l'Empereur et Roi, commandé aux ateliers de Carrare par le Conseil municipal de Coulonges. Cette image chérie fut portée en triomphe jusqu'au pavillon, et placée sur le trône qui lui était destiné. Elle resta, pendant les cérémonies religieuses, entourée d'une garde d'honneur, et voilée par un rideau de pourpre.

A 3 heures, les autorités, ayant assisté au *Te Deum*, se réunirent de nouveau sur la place publique, pour y contempler le portrait de leur Souverain bien aimé. Le Maire a exprimé, dans un Discours éloquent, les sentimens qui animent tous les habitans de sa Commune, et leur vive reconnaissance envers l'Auteur de tout bien pour le grand bienfait qu'il a daigné accorder à l'Empire et au Monde en faisant naître le ROI DE ROME.

« Nos vœux, a-t-il dit, nos vœux ardens ont été entendus. Dieu, dans sa toute puissance, fait naître de la guerre même les moyens d'en réparer les maux. C'est dans les plaines de Wagram que la Victoire, toujours fidèle au GRAND NAPOLÉON, commande à l'Hymen d'allumer ses flambeaux. MARIE-LOUISE est le gage de la paix. Cette auguste Princesse, douée de toutes les vertus, devient la mère des Français. Dès ses premiers pas en France, elle voit qu'en faisant le bonheur de son époux, elle va faire le bonheur du peuple. Le Tout-Puissant a récompensé sa piété; il l'a rendue mère, et le ROI DE ROME est né. Heure solennelle, sois à jamais bénie! Tu nous as donné le plus grand bien que nous puissions attendre, un rejeton du nom, du sang et de la gloire de NAPOLÉON. Nos destinées sont fixées ; ne craignons plus ni les ennemis du continent, ni les fureurs de l'anarchie. Leurs armes viennent se briser contre le berceau du Roi de Rome. Tranquilles sur l'avenir, reposons-nous avec l'abandon de la plus entière confiance, sur notre auguste Monarque, du soin de nous rendre heureux ; soyons assurés que l'héritier de la couronne impériale, instruit à l'école du plus chéri des Souverains, y puisera le besoin de notre bonheur..... Aujourd'hui, dans toute l'étendue de l'Empire, les peuples réunis s'accordent dans la manifestation publique des sentimens que ce grand événement inspire. Sur tous les points, dans la ville opulente comme dans le hameau solitaire, tous les cœurs sont français, tous les cœurs nagent dans la joie. Les nôtres ne peuvent contenir leurs transports. Jour mémorable pour Coulonges ! Si nous ne pouvons jouir de l'auguste présence de SA MAJESTÉ L'EMPEREUR, si nous ne pouvons répandre des fleurs sur ses pas, nous pouvons du moins contempler son image ; son image, désormais, habitera au milieu de nous..... Habitans de Coulonges ! ce marbre qui retrace les traits chéris du Père du peuple, va être exposé à vos regards. Nous allons voir à découvert la face de notre Souverain... Tenons-nous dans une attitude respectueuse.... Nous sommes en sa présence..... »

A cet instant le voile tomba et laissa au peuple la faculté de contempler cette image chérie. L'air retentit de mille acclamations. Les cris de vive l'EMPEREUR, vive l'IMPÉRATRICE , vive le ROI DE ROME , ne cessèrent que long-tems après.

M. le Maire reprit :

« Père des Français , daignez agréer les respectueux hommages de vos fidèles sujets les habitans de Coulonges.

Que ce portrait adoré reste avec nous. Que dans nos jours d'allégresse, il préside à nos Fêtes ; si jamais quelques malheurs nous affligent, il nous donnera le courage de les supporter. »

M. le Juge-de-paix a dit :

« Sage Législateur, que votre image nous éclaire et nous dirige dans l'étude et l'application des lois et du Code immortel que vous avez donné à l'Europe ! »

M. le Commandant militaire a dit :

« Premier Capitaine de l'Univers , Général incomparable , vous , qui des portes de l'orient aux régions glaciales, avez conduit le char de la Victoire ! Que votre image glorieuse soutienne, dans le cœur des gardes nationales et de tous nos citoyens, ces sentimens d'union, d'honneur et de patriotisme qui de votre vaste Empire ne font qu'une seule famille ! C'est ainsi que nous serons toujours prêts à repousser l'ennemi, et qu'en nous entretenant sans cesse de vos vertus, de vos triomphes et de vos bienfaits, nous apprendrons à nos enfans à bénir votre Dynastie, et le *ROI DE ROME* qui en est l'auguste et premier rejeton. »

Le buste fut ensuite reporté à la Mairie avec la même pompe ; et le reste du jour fut employé en jeux de toute espèce, danses, feux d'artifice, et mille divertissemens terminés par un feu de joie.

Le lendemain il y eut plusieurs banquets où des *toasts* furent portés à LEURS MAJESTÉS l'EMPEREUR, l'IMPÉRATRICE, le ROI DE ROME.

ARRONDISSEMENT DE MELLE. M. le Maire de Melle, qui se proposait de réunir à la Fête du 9 juin l'inauguration du buste de SA MAJESTÉ L'EMPEREUR ET ROI, en marbre de Carrare, acquis par son Conseil municipal, était venu chercher ce buste à Niort dès le 20 mai. A son retour, il trouva toute la garde nationale qui s'était portée en avant, à plus d'une lieue, jusqu'au bourg de *Celles*; toute la population de *Melle*, ayant en tête le Sous-Préfet, le Président du tribunal, le Commandant de gendarmerie, était sortie pour contempler l'image de son auguste Souverain; elle conduisit ce buste précieux jusques chez M. le Maire, au son des cloches, au bruit des tambours, en faisant retentir les échos d'alentour de mille acclamations, des cris de VIVE L'EMPEREUR! VIVE L'IMPÉRATRICE! VIVE LE ROI DE ROME! le soir, les habitans illuminèrent spontanément la façade de leurs maisons, et firent un feu de joie sur la place publique.

Le 9 juin, dès 9 heures du matin, le cortége s'étant formé à la Sous-Préfecture, se rendit chez M. le Maire pour y chercher le buste de SA MAJESTÉ. Il fut placé sous un arc de triomphe, porté par quatre Officiers de la garde nationale, et soutenu avec des galons d'or, par quatre Fonctionnaires publics, sur un coussin de satin rose orné de franges d'or. Devant le buste, quatre jeunes filles portaient un élégant berceau surmonté d'un diadème : un autre groupe de vingt - huit jeunes filles, toutes vêtues de blanc, ornées de ceintures vertes, entouraient le berceau chéri, le soutenaient par des rubans verts à franges d'or, le couvraient de guirlandes de fleurs. Le cortége, escorté de la garde nationale et de la gendarmerie, se rendit ainsi dans l'église paroissiale pour assister au *Te Deum*, au bruit des cloches, d'une musique guerrière et de la mousqueterie, aux cris de Vive l'EMPEREUR ! Vive l'IMPÉRATRICE ! Vive le ROI DE ROME. Dans l'église, le buste a été placé sur un trône illuminé, près de l'autel, du côté de l'Évangile ; en face était le berceau, au - dessus duquel les jeunes filles formaient un dôme de verdure et de fleurs par leurs guirlandes entrelacées. Après la cérémonie, le buste fut transporté à l'hôtel de la Mairie, et religieusement placé dans la grande salle. Un bal s'y forma aussitôt jusqu'à 2 heures après midi. A 4 heures, des fontaines de vin jaillirent sur les promenades ; des orchestres y firent danser la jeunesse ; le bal recommença à l'Hôtel de la Mairie ; et le local étant trop resserré pour la multitude des personnes qui voulaient partager les plaisirs de la Fête, M. le Maire établit un autre bal dans ses appartemens. La ville fut illuminée ; les divertissemens durèrent jusqu'à l'aurore.

La journée du 10 se passa encore en danses et en festins. A 9 heures du soir, les fonctionnaires publics se réunirent et allèrent sur la grande place allumer un feu de joie, au milieu d'une foule immense poussant mille acclamations d'amour, de reconnaissance et de fidélité pour ses Souverains.

Plusieurs Communes ont solennisé la Fête par des actes de bienfaisance. Celles de *Fressine*, d'*Exoudun*, de *Chenay*, de *Périgné*, se sont particulièrement distinguées par d'amples distributions de pain et de viande aux indigens. Au surplus, dans toutes les Communes, les bureaux de bienfaisance ont fait, ce jour-là, une collecte pour les pauvres.

Dans la Commune de *Bougon*, peuplée en grande partie de protestans, le Maire, ayant réuni ses habitans, leur a adressé un Discours simple et touchant.

« Elevons vers le Ciel nos actions de grâces! Entourous de nos respects le berceau du Roi de Rome; jeunes filles, ornez-le de guirlandes, car sa naissance nous a réjouis. Voici le beau jour de son saint baptême; prions l'Être Suprême de répandre sur lui ses grâces, de lui inspirer la sagesse et le génie de NAPOLÉON-LE-GRAND! Dieu puissant, daigne bénir la Nourrice du Roi de Rome; fais que le lait qu'elle lui donne, soit un lait de force et de prospérité; fais que cet auguste enfant soit toujours soumis à la volonté de son Père, notre EMPEREUR chéri, et à MADAME L'IMPÉRATRICE sa Mère, puisque c'est elle qui l'a porté dans son sein! Donne gloire et force à toute la famille impériale! Pères, vous conduirez vos enfans dans l'obéissance à NAPOLÉON. C'est son bras qui nous a garantis de l'esclavage. Les Rois les plus puissans de la terre voulaient nous envahir; ils ont été surpris de voir que le terrain français ne pouvait jamais leur servir de marchepied; malgré leurs mauvaises intentions, Dieu nous a protégés; NAPOLÉON, maître de ces Rois orgueilleux, a confondu leurs entreprises.

Les habitans de *Sompt* ont fait plus qu'on ne pouvait attendre d'une commune petite et pauvre. Tout ce qui était nécessaire à la Fête a été fourni gratuitement. Les menétriers qui ont fait danser la jeunesse, se sont trouvés humiliés qu'on eût songé à leur offrir un salaire. Un élégant berceau avait été déposé sous un vieux ormeau ; vingt jeunes filles, vêtues de blanc, l'entouraient en chantant des Cantiques ; la garde nationale le saluait par des décharges de mousqueterie. Un tonneau de vin, placé aux pieds du berceau chéri, entretenait l'allégresse ; et attendu qu'il n'existe point d'église dans cette Commune, les habitans ont chanté le *Te Deum* sur la place publique.

A Chizé, outre les cérémonies pratiquées généralement, M. *Nourry*, Maire, ayant fait dresser des tables sous les halles, y a réuni tous ses habitans dans un joyeux banquet ; on y a porté la santé de LL. MM. II. et RR. et les villageois ont chanté une jolie Ronde poitevine, de la composition de M. *Dépiciris*, jeune. Elle est imprimée à la suite de ce Recueil.

A Soudan, M. *Poulet*, instituteur primaire, a prononcé un fort bon Discours, sur la place publique, au moment du feu de joie.

A Pamproux. Les habitans, ayant aussi érigé un berceau sur la place publique, y ont fait hommage au Roi de Rome, des deux premières gerbes de froment récoltées sur leur territoire.

A la Mothe-Saint-Héraye, le peuple avait éprouvé une satisfaction si vive, qu'il demanda unanimement au Maire de solliciter l'établissement d'une ballade annuelle , pour avoir lieu le dimanche qui précédera le 9 juin , en honneur et commémoration de la Naissance et du Baptême de SA MAJESTÉ LE ROI LE ROME.

A Brioux, une table de 100 couverts a été servie sous les vieux noyers du champ de foire , en face d'un autel rustique où reposait un joli berceau. Plusieurs tonneaux de vin , du pain , et toutes sortes de comestibles ont été distribués au peuple ; les rues du bourg ont été illuminées.

La Fête d'Aigonnay est encore à distinguer par le touchant spectacle qu'elle a offert de tous les rangs confondus dans l'amour et l'enthousiasme pour nos Souverains. De très - riches propriétaires , habitans des Départemens voisins , qui se trouvaient à *Aigonnay* ; de vieux Officiers , couverts d'honorables blessures ; d'anciens membres du corps législatif , confondus au milieu des cultivateurs , ne formaient , avec ces bonnesgens , qu'une seule famille réunie pour fêter le Père du peuple , et l'auguste rejeton de sa Dynastie.

A Celles , outre les cérémonies et la Fête publique , chaque habitant aisé a réuni ses voisins à des bals, à des banquets. Les plaisirs se sont prolongés pendant plusieurs jours.

Chef-Boutonne. Un riche berceau , soutenu par un groupe de jeunes filles , a été placé au milieu du cortége des autorités; on le porta en pompe à la cérémonie du *Te Deum*. La ville fut illuminée ; le vin coula sur les places publiques ; la jeunesse dansa tout le jour , et les mêmes plaisirs , les mêmes témoignages d'allégresse se prolongèrent jusqu'au soir du lendemain. M. *Venard,*

Contrôleur des contributions, donna une fête dans ses jardins, qu'il avait ornés d'illuminations en verres de couleur et de transparens présentant d'ingénieux emblêmes. Une élégante collation y fut servie.

A Chérigné, Saint-Vincent, Crézière, un joli berceau tissu de fleurs a pareillement été porté en triomphe, et aux pieds de ce berceau, tous les habitans sont venus rendre hommage à SA MAJESTÉ LE ROI DE ROME.

Les habitans de *Saint-Romans* et d'*Aubigné* n'ont voulu toucher aux vivres et aux comestibles distribués par les Maires, qu'après en avoir porté une partie dans les plus pauvres ménages.

A Plibou, les faibles ressources de cette petite Commune, ne permettant aucune dépense, M. *Texier*, juge-de-paix, s'est chargé de tous les frais de la Fête ; et cette Fête fut l'une des plus agréables. Rien n'y fut épargné ; le meilleur vin coula sur la place publique ; le pain blanc, les comestibles de choix, furent distribués en abondance ; des jeux, des danses, des mâts de cocagne, amusèrent le peuple, et le conduisirent fort avant dans la nuit.

Les Communes mentionnées dans ce Précis ne sont point les seules qui aient montré du zèle à célébrer la Fête. Nous répétons qu'il n'est pas un village dans le Département des Deux-Sèvres, qui n'ait eu, le 9 juin, son feu de joie, ses danses et ses distributions de vin. Par-tout éclataient les élans de la plus vive allégresse ; joie pure, unanime, et telle que les vieillards ne se souviennent pas d'avoir rien vu de pareil. Ce Précis devant avoir des bornes, on a recueilli seulement les circonstances les plus intéressantes et les expressions les plus naïves du bonheur public. Pour citer les Communes où l'esprit français s'est prononcé, où le peuple s'est abandonné aux transports de son amour pour ses Souverains, il faudrait transcrire l'entière nomenclature des Communes et des Hameaux du Département des Deux-Sèvres.

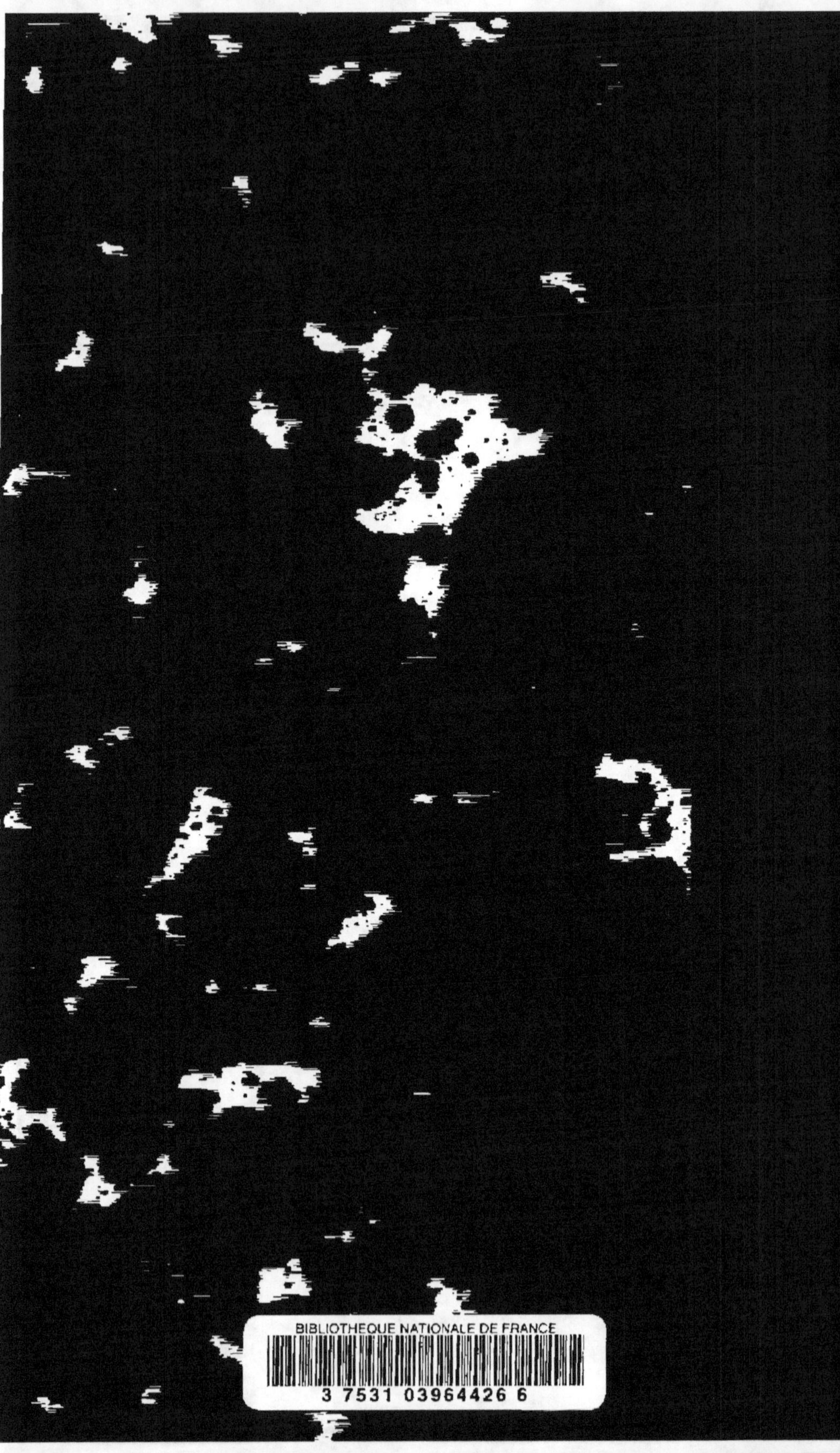
BIBLIOTHEQUE NATIONALE DE FRANCE
3 7531 03964426 6

9 782013 396806